閃 耀 台 灣 七

台灣往日生活

徐宗懋圖文館／製作

目錄

閃耀台灣 福照寶島

　　「閃耀台灣」系列畫冊，一套八冊，分別為《台灣城市建築 1860-1960》、《台灣鄉村景觀 1860-1960》、《台灣山鄉原民》、《台灣近水部落》、《台灣原生物產 1860-1960》、《台灣自然生態 1860-1960》、《台灣往日生活》、《台灣古早容顏》。

　　此八個主題，時間跨越清代、日本殖民時代、光復之後，涵蓋早期台灣的人文生活以及自然景觀，從人們的食衣住行育樂，到鄉野山川中的美麗景致和原始型態皆收錄其中。這些內容、材料均是徐宗懋圖文館過去 20 多年來耗費巨資購買照片原作，以及累積精湛的照片修復技術工藝，所取得歷史照片領域最高的成就。

　　這套畫冊以「閃耀台灣」為名，台灣這座島嶼無論視野所見，亦或是蘊藏的內涵，都如同寶石般閃閃發光，是閃耀的寶島，期許能將台灣這座寶島所經歷、流淌過的歷史，以照片圖文的形式，親切、大眾化的傳達給大家。簡言之，這一套書代表了閃耀的台灣，福星高照寶島，是一套傳世不朽的台灣歷史影像。

樸實多情的往事

　　薛培德（Barry L. Schuttler）是一名美國籍長老教會牧師，任台灣基督教救濟會第五任主任，在台期間負責統籌藉由基督新教的管道進入台灣的美援物資，在他的相片中常可見救濟物資發放時的景況。作為台灣基督教福利會的董事，他和教會的一些成員遊歷了台灣各地和離島，也會使用相機拍攝當時台灣的風土民情，留下了 1959 年至 1960 年間的台灣影像紀實。

　　美籍牧師薛培德先生拍攝的約三千張的台灣照片中，忠實地留下了基層台灣百姓的珍貴豐富影像紀錄。事實上，在 1970 年代台灣快速工業化之前，基層百姓仍然生活於農業社會的形態，包括婚喪禮俗、各種手工行業、飲食習慣，甚至鄰里關係等等。許多現象已經存在百年以上，但在 1970 年代以後卻逐漸消失了。今天 50 歲以上的台灣人，可能童年時期在農村地區還經歷了台灣農業社會型態的尾端。

　　因此，我們整理了薛培德牧師拍攝之有關台灣基層百姓生活與工作的珍貴紀實照片，收錄於《台灣往日生活》這本畫冊中，由於是底片製作，照片清晰、品質極高。也由於今天 50 歲以上的台灣人對這一段歲月，擁有共同的記憶，於是我們在圖說方面採精寫的方式，希望透過這一批精美的圖文，重新喚起那奮鬥不懈的清貧年代，並勾起童年成長的美好回憶。

看 人家娶新娘到自己當新郎新娘的人生

1960 年，台北重慶北路、圓環與長安西路之間的重慶露
店，遠端即圓環西側。一輛迎娶轎車停在街口，新郎拿著
一束花走出車外，準備進入巷內的新娘家迎娶，吸引了許
多鄰居和路人觀望。街頭上經常可見新郎迎娶新娘的場面，
也是小朋友們最愛看的熱鬧之一，尤其被迎娶的新娘是鄰
居姊姊，日後又見到她生小孩、過年回娘家等等，這也是
自己成長過程目睹的溫馨時刻。直到有一天長大終於輪到
自己也當了新郎新娘，反過來被那時的小孩們好奇地打量，
這就是生命的遞嬗。

撐黑傘踏出女方家門的新娘

1960 年，一對新婚夫妻踏出女方家門，由介紹人在新娘上方撐傘，新娘踩過火炭，代表避邪。撐黑傘也可能代表新娘未婚已孕，依各地習俗解釋而異。

由薛培德牧師所拍攝的這組結婚系列照片顯示，這對新婚夫妻最後是在基督教教會舉行婚禮的，有時候有些基督徒會有點排斥傳統信仰儀式，不過這對夫妻和雙方家庭仍遵循傳統禮俗。

新郎迎娶新娘以及姊妹桌的離別宴

1960 年，新郎至新娘家迎娶，輕輕掀開新娘的頭紗，並且依照習俗，準備吃離開娘家的姊妹桌。通常這一天，新郎新娘拜過祖先和父母後，會象徵性地和家人吃一頓離別宴，稱之為姊妹桌。參加者有長輩、父母、兄弟姊妹等，上桌的菜色有一定的規矩，以及要說吉利的話等等，相關習俗各地均有些許差異。

女兒出嫁告別父母，出外組成自己的家庭。既有離別的傷感，也有開創幸福的喜悅，此乃生命之旅亮眼的中途站。

結婚鞭炮與街上的三輪車

1960 年，台北街上一處結婚人家戶外掛著一長串鞭炮，兩輛三輪車剛好經過門口。台灣光復後，為了增加工作機會，鼓勵三輪車載客行業。由於純為人力踏踩，無計時計程之裝置，載客完後大體上憑車夫的感覺，比較常見的是一塊、五毛等。後來的計程車當時稱為「小包車」，數量很少，而且一般人搭不起，所以攜帶女兒和禮物探訪親友時，經常會搭乘三輪車，並產生以三輪車為主題的兒歌：「三輪車，跑得快，上面坐個老太太，要五毛給一塊……。」由於三輪車是經常使用的交通工具，也成為一代人日常生活記憶的一部分。隨著經濟快速增長，公共交通工具、計程車和私家車的增加，一部分三輪車裝上了自動馬達，直到 1968 年三輪車被淘汰，正式走入歷史。

牧牛的小女孩 （14頁）

1960 年，牧牛的小女孩。農村的孩子們從小就要學著幫忙分擔家事，牧牛這個任務便時常交給孩童去做。孩童們會牽著牛帶去放牧吃草，或到河邊飲水、沖洗身體。牛的個性溫和，而且飼養許久，已經如同家庭成員一般，因此可以放心地交給孩童們去看顧。一般牧牛是男孩子的工作，不過如果家中男孩較少或年紀太小，也會讓女孩去野外牧牛。

三個蹲著吃飯和玩耍的小女孩

1960 年，三個蹲著吃飯和玩耍的小女孩，旁邊有水溝和垃圾車，中間的小女孩正在翻弄地上一堆垃圾燒完後的灰燼，當時的人有燒垃圾的作法。當時，儘管尚未有大規模工業污染，不過基層百姓仍存在著環境衛生和個人清潔習慣的問題，兒童常見頭蝨、頭癬、跳蚤、蛔蟲以及多種皮膚病。因此，整潔教育成為國民教育的重要部分。此後 20 年間，台灣社會經濟能力與教育水準大幅提升後，這個問題才算解決。薛培德牧師拍攝的這張照片也成為珍貴的社會紀實影像。

大年初一上午熱鬧的街頭

1960 年，台北市，大年初一上午熱鬧的市街。大人小孩們依習俗，穿新衣、戴新帽逛街，許多商家和小販也趁機做生意，形成熱鬧的街頭景象。有些小朋友穿著學校制服，原因是當時普遍貧窮，家裡沒錢置新裝，只能穿著制服顯得比較「正式」，這種情況非常普遍。

一位少年午後河邊的獨釣

1960 年，一位少年午後在河邊一個人獨釣。薛培德牧師偶然間捕捉到這個簡單，卻充滿台灣鄉土情感的畫面。台灣氣候炎熱多雨，水系豐富，鄉村地區散布著河流和水塘，水中有很多小魚。對於孩子們而言，最容易獲得的快樂就是放魚鉤在水中，靜靜等待魚兒上鉤時剎那的開心。照片中的少年，用一支細竹竿當釣竿，以及用在棄置磚頭下抓到的紅蚯蚓當魚餌，一個人在河邊釣魚。這是少年不知愁的年紀，一個人獨處的時光，也十足是那個年代台灣鄉土文學作品的意境。

一位小男生在台北植物園水池邊釣魚

1960年，一位小男生在台北植物園水池邊釣魚。台北植物園包含歷史博物館和南海學園等建築周邊寬闊的地帶，以及一座荷花池塘，裡面有一些小魚，假日成了小孩子玩水和釣魚的地方。這位穿著學校制服的小男生，在池塘邊玩耍，用一根竹竿作為簡易的釣竿使用，如此就可以打發一整天的時間，也獲得了許多樂趣。

唐榮鐵工廠少年工之珍貴紀實影像

1960 年，高雄唐榮鐵工廠的幾位少年工人正學習操作機器。唐榮鐵工廠曾被視為「模範事業」，提供大量工作機會，實際上工作環境惡劣，而且僱用許多未成年的少年工。

操作粗重機器的少年

1960 年，高雄唐榮鐵工廠，一位正在操作機器的少年工。機器上寫著「TE」是唐榮鐵工廠英文名稱 Tang Eng Iron Works Co., Ltd. 的簡寫。少年工正認真的操作機器，衣服在肩膀處已破了個大洞，因為家境貧窮，只能小學畢業後就來當黑手，操作粗重危險的機器，取代了學習和遊玩的美好時光。少年面無表情，說盡了一切，也代表了那個時代另一面的縮影。

一位父親幫孩子們拍照留念

1960 年，台北市圓山，一位父親幫孩子們拍照留念。圓山
有著名的兒童樂園，日本時代便開始營運，是假日父母帶
小孩出門遊玩的好去處。當時娛樂設施不多，兒童樂園是
大多數的孩子最嚮往的地方，父母有空帶孩子出遊時，也
會拿相機捕捉孩子們的身影，留作成長紀念。照片中這一
家人無論從穿著或者擁有照相機來看，應比一般人的生活
更為寬裕。此一時期，照相仍然是昂貴的活動，通常只有
過年過節才會到照相館拍攝全家福紀念照，個人擁有相機
的情況很少。

挑水的孕婦

1960 年，中部山區原住民社區，一位挑水的孕婦，雖然身懷六甲，但仍然要從事勞動，包括擔重擔的工作。山區生活艱苦，婦女們終日工作，打理內外，包括採集、打水、砍柴、生火、煮飯、清理家裡，以及照顧孩子們等，似乎有永遠做不完的工作，即使懷孕也沒有休息補身體的觀念。左側有兩個孩子騎著牛，把牛當成交通工具，美麗的山岳景致中也呈現了真實生活的樸實和辛苦。

挑著蔬菜的婦人與農家小康愉快的生活

1960 年，一位挑著一大籃蔬菜的婦人，身後是洗好正在晾曬的衣服與被單。婦人滿臉笑容地忙著家務事，籃子裡裝著剛收成的苦瓜、茄子與瓠瓜。一般農家除了種稻外，常會有其他蔬菜的種植作為副業，尤其是在稻田休耕期間。照片中的房屋前曬滿著衣物，顯示這是個陽光普照的日子，農民趁這個機會洗衣曬衣，農婦恰好扛著剛收割的蔬菜返家，顯示農家小康的愉快生活。

養火雞同時照顧孫兒的阿嬤

1960 年，一位阿嬤餵養火雞，同時也照顧孫兒。這是台灣農村常見的景象，阿嬤雖然年事已高，無法下田工作，但仍然幫忙照顧孫兒們，同時做一些家事。許多在農村長大的人，都有被阿嬤照顧的童年記憶。

一位正在整理牛車的婦女

1960 年，一位正在整理牛車的婦女。牛車是重要的運輸工具，除了用來代步，也用來搬運東西，農村更是倚賴牛車載運收成的農作物。牛隻幫忙載貨、耕種，對農家而言如同家人一般。

鄉間販賣籐編家用品的板車 （32 頁）

1960 年，鄉間一個販賣籐編家用品的板車。台灣生產黃籐，竹編和籐編技術熟練，具有悠久的歷史。早年塑膠袋、塑膠籃子、金屬和化學原料製品尚未普及，籐編家具用品被廣泛使用。因此，籐椅、籐櫃、籐籃、燈罩等，銷售量龐大，許多農民都會將編籐當成家庭副業，農閒時期，家家戶戶門口均在編籐，成為常見的農村景觀之一。

販賣傳統甜食的攤販

1960 年，路邊販賣傳統甜食的攤販。花生糖、芝麻糖、米香等，都是路邊攤位上常見的傳統甜食，這些點心不但便宜，而且一小塊就可以吃很久。常常可見到小朋友們結伴在攤販旁邊，只要幾毛錢就可以買到一些點心，有說有笑的邊吃邊玩耍。

大年初一逛街購物的人潮

1960 年大年初一，台北一處百貨行，穿戴正式的購物人潮擠在櫃台前。此一時期，春節仍然保有傳統的氣息。過年前要辦年貨，在外工作的人要趕回家，除夕夜全家團圓圍爐，等著 12 點整爆竹聲四處響起，或者是在自家門口點爆竹，孩子們在一旁觀看，既興奮又害怕。大年初一早上穿新衣、戴新帽，親友們互訪拜年，或逛街購物。鬧市商店、遊樂場、電影院，甚至風景區等，常擠得水洩不通。基本上，初一到初三這些地方都很熱鬧。

1980 年代以後，台灣步入工商業社會，過年氣氛一年比一年淡。近年甚至趁著過年，全家人到海外旅遊度假，刻意避開國內人情的繁瑣，以致於人氣最旺的地方變成機場辦理登機的航空公司櫃台前。

一位行走販售麵包的小販

1960 年，一位行走販售麵包的小販，賣麵包不需要繁瑣的販售工具，只需簡單的配備就可以在路上叫賣。這種沿路兜售的麵包往往樣式樸素簡單，麵包帶著牛奶香氣，裡頭包點甜餡兒，小孩子最愛這個滋味。一家人一起外出，爸媽買幾個麵包給孩子們路上分著吃。

一處夜市的菜刀地攤以及堆放紙鈔的風格

1960 年，一處夜市的菜刀地攤。夜市攤販會販售各種廚房用品，包括鍋子、湯匙、筷子、菜刀、木砧板、瓷碗、盤子等，商販從工廠或中盤商那裡低價批來，在夜市擺攤販賣，貨品比正式商店便宜很多，不過品質往往較差。照片中的小販在地上放了很多張十元紙鈔，以顯示購買者踴躍，基本上都是攤販一開始自己放上去的，收了錢後就繼續堆放上去，成為擺攤的一種風格。

一處賣下酒菜的攤位

1960 年，夜市一處賣小下酒菜的攤位，老闆娘笑著張羅開店。攤位上擺放著數瓶酒與各種炸物，懸掛著的魷魚也是非常可口的下酒菜。此時夜市才剛要開始，愈晚生意愈好，喝酒助興的客人也會愈來愈多，切點下酒菜，開心聊天、喧嘩聲四起，是常見的夜市光景。

一名男子挑著擔子叫賣豆花

1960 年，一名男子挑著擔子沿街叫賣豆花。有些攤販不需要張羅桌椅爐灶，工具與配備較為輕便，只需要挑著擔子便可做生意，常見如賣豆花、麵茶、冰棒等。為了增加客群，他們多半會選擇沿街叫賣，通常會在固定的時間走固定的路線，除了常客之外，也能吸引不少碰巧路過的客人前來光顧。

一位農婦騎腳踏車販賣水果

1960 年，一位農婦騎腳踏車販賣水果。流動攤販大多使用腳踏車、三輪車載貨販售，有些是定點在市場擺攤，有些則是沿街叫賣。此時台灣塑膠產業才剛萌芽，尚未使用於大眾生活，人們買賣水果都是使用竹框、竹籃或藤編的菜籃。農民通常都是推銷自家生產的水果，這也是最早期水果直銷的方式。

兩名爆米香小販

1960 年，路邊兩名爆米香小販，此時正是中午休息吃飯時間，兩人身旁放著一台製作爆米香的機器。小販會帶著機器到處做生意，民眾可以自備米和糖，支付工錢，由商販現場代工製作爆米香。製作爆米香的過程有趣而且散發著香氣，時常會吸引許多大人小孩圍觀。爆米香「碰」一聲，代表著爆米香過程的高潮，也是圍觀兒童們所最期待的那一剎那，帶著許多樂趣。

路邊販賣炸粿的攤販

1960 年，路邊販賣炸粿的攤販，常見的炸物有蚵嗲、地瓜餅、芋頭糕等。簡樸的推車與爐架，擺上個竹椅便是一個路邊攤，雖然樣式簡單，但卻親切自在。這類攤販往往會有一些忠實老顧客，大多就住在附近，他們都知道老闆什麼時候會出來擺攤，也有習慣光顧的時間，像是下午三、四點太陽沒那麼烈時，出來散個步，順道點上兩三樣吃食，並與老闆聊天幾句。

一位賣黑輪的腳踏車攤販

1960 年，一位賣黑輪的腳踏車流動攤販。黑輪是日本關東煮的台語音譯，材料包括雞蛋、蘿蔔、魚類等，可以配飯吃，也可以當作小吃。一般在戶外的黑輪流動攤販多是賣烤黑輪，尤其在城鄉人群聚集的空地，常見烤黑輪的腳踏車流動攤販，成為戶外一般人經常享用的小吃。

鄉間路邊賣自產西瓜的女瓜農

1960 年，南台灣鄉間路邊賣西瓜的女瓜農。台灣盛產西瓜，主要集中在中南部，以夏季為生產高峰，瓜農們會在產地附近的道路旁販賣自產的西瓜。炎熱天氣下，騎車路過的外地人有些會停下來購買，成為鄉間常見的景象之一。

客運站外賣水果的流動攤販 　（54頁）

1960年，新竹公路局客運站外，許多賣水果的流動攤販。
一名軍官正向攤販購買一籃橘子，旁邊的外國人是救濟會
的同仁。客運是早年長途旅行非常倚重的交通工具，因此
客運站總是人來人往、十分熱鬧，也成為了攤販聚集的場
所。

一位流動攤販向停站的省公路局客運乘客兜售
冰淇淋

1960年，一位流動攤販向停站的省公路局客運乘客兜售冰
淇淋。台灣在日本時代就已經有小販販售冰淇淋的記載，
一直持續至今，觀光景點或夜市仍可時常看到販售冰淇淋
的流動攤販。
照片中的省客運是往返縣市鄉鎮之間的長途客運，由於尚
無高速公路，通常行車時間頗長，車上設備也比較簡單，
一趟行程下來可謂舟車勞頓。此外，大小站暫停時，都會
聚攏一些小販兜售小吃、點心和水果等。搭乘省公路局客
運車長途奔波，是早年台灣人共同的生活經驗。

兩名漁夫準備乘坐竹筏出海捕魚 （58頁）

1960 年，一處海邊，兩名漁夫準備乘坐竹筏出海捕魚。岸邊海浪強勁，將竹筏從沙灘上推向大海是一件很費力的事。常說靠山吃山、靠海吃海，海邊居民仰賴捕魚維生，由人力划著傳統竹筏在近海灑網捕魚，設備簡單且都是依靠人力，漁獲量也有限，但卻是漁民最重要的收入來源。

梧棲漁市熱鬧的光景

1960 年，台中梧棲漁市，漁民販售剛捕撈到的新鮮漁獲。各式各樣的漁獲被裝在箱子、竹籚中，等待客人前來選購。漁市的漁獲不但是最新鮮的，通常也比較便宜，除了會有餐廳、大盤商等直接到此購買，也會有不少民眾前來挑選，為的都是想用較划算的價格買到最新鮮的品質。

北台灣的海釣以及氣勢磅薄的大海

1960 年，北台灣，幾位釣友站在岩石上進行海釣。此時，風浪不大，不過鏡頭拉近後的海面仍有一種大海氣勢磅薄的視覺震撼。海釣與湖釣、溪釣截然不同，後者可大可小，可以很專業，也可小到放著釣竿不管，坐在一旁讀完一本書，當成生活的閒情逸致。海釣則是高度的專業化，從釣具、雨衣、手套、防曬衣，一直到潮汐的判斷等等，都需要花時間、精力和金錢。此外，釣魚的位置通常在岩石或海堤上，有時會突然捲起大浪造成危險。也由於海釣需要體力和專業裝備等各種條件，具有相當挑戰性，有些男性對海釣痴迷不已。

一群漁民在海邊使用三角漁網撈捕鰻苗

1960 年，花蓮吉安鄉海邊，一群漁民在海邊使用三角漁網撈捕鰻苗。三角漁網是阿美族使用的傳統捕魚工具，由兩根木桿組成剪刀般的形狀，漁網會繫在開口處較大的那側。捕魚的時候，小開口朝向使用者，大開口朝向海面，待海浪拍打上岸，鰻苗和其他魚類便會游進漁網中。

幾名漁夫在海灘上挖沙

1960 年，幾名漁夫在海灘上挖沙。海邊的沙子可做為蓋建築的材料，一些漁民在捕魚工作結束後，也會去挖沙，挖海邊的沙子不需要成本，雖然用扁擔挑沙得來回走許多趟，但積少成多，賣給建商多少能補貼家計。

捕魚結束後正在整理漁網的漁夫 （66頁）

1960年，宜蘭龜山島，捕魚結束後正在整理漁網的漁夫。
1977年之前，龜山島一直都有人居住，當地居民以捕魚維
生，捕魚完後，漁夫會將漁網從船上卸下，並搬到罟寮曬
網。

台灣西南部沿海漁村景觀

1960年，台灣西南部沿海地區的漁村景觀。靠海的漁村，
附近的河道也有一些魚類，漁民經常在此設網捕魚。一位
漁民扛著一根粗長的麻竹，是早年常見的製作竹筏的材料。
此處海陸交會的地理景觀，別於一般的鄉村風貌，很有特
色。

一戶人家到北海岸海邊遊玩

1960年，北海岸的金山、萬里一帶，一戶人家到海邊遊玩，爸爸正在替孩子們拍照留念。海邊是一家大小一起出遊的好去處，可以在淺灘踏浪戲水，或是堆沙堡、撿貝殼、曬日光浴。玩累了就坐在大石頭或鋪好的地墊上休息，吹著海風、看著海浪滔滔，享用媽媽準備好的零食與便當。照片中這一家擁有相機以及休閒生活，在當時算是比較寬裕的人家。

中橫旁一家泰雅族人向外地訪客展示傳統手工織品：新時代來臨的象徵

1960 年，中橫公路旁的一家泰雅族人向外來訪客展示他們傳統的手工織品。這年中橫公路首次開通，外地遊客得以直接進入原住民部落區，帶來觀光商機，也影響到原住民的生活型態。此照片中這家泰雅族人向第一批外地訪客展示他們的手工織品，露出友善的笑容，並期待持續大量湧入的遊客。此畫面亦成為一種新時代來臨的象徵。

中橫旁一戶布農族夫婦正烹煮食物

1960 年，中橫公路旁布農族部落，一戶人家的夫婦在廚房烹煮食物。薛培德牧師拍攝的原住民貧困生活的紀實照片，木造房屋簡陋，家徒四壁。儘管中橫開通帶來一些旅遊商機，但新的謀生方式的建立仍需要很多年。原住民的年輕一代，很多下山、流落到城市邊緣的違建區，靠打零工為生，或是上船補魚，他們離鄉背井、散居各地做底層勞工，成為此後數十年的時代悲歌。

搬運救濟物資的男子　（76 頁）

1960 年，宜蘭龜山島，男子正搬運救濟物資。麵粉袋上標著重量一百磅，大約是 45.4 公斤，相當沉重。船上有不少救濟物資，都是重要的民生用品，需由人力從船上接力搬運至陸地上。龜山島地處宜蘭外海，物質缺乏，人口稀少，在遷村之前的龜山島影像十分稀有珍貴。

民眾爭先恐後的遞上領據

1960 年，今台北萬華一帶，民眾爭先恐後的遞上領據，反映出急切想拿到衣服的心情。「衣」是生活中不可缺少的項目，但在物資缺乏的年代，買新衣服是很奢侈的，所以救濟會發放二手衣物便成為民眾非常期盼的事。二手衣物與其他救濟品不同，因為種類與數量有限，沒辦法時常發放，所以民眾才會如此急切的搶著爭取。

鄉間的送葬隊伍

1960 年，一列鄉間的送葬隊伍，由晚輩們扛著往生長輩的
棺木，幾位道士擔任前導引路。依農村習俗，往生者經常
是土葬埋在自家田中，儘管喪禮儀式繁複講究，但田間土
墳的規格卻可能十分簡單。

傳統喪禮的出殯隊伍

1960 年，新竹香山，傳統喪禮的出殯隊伍，由幾名孩子高舉旗子做為前導隊伍，上方的「集和堂」為新竹傳統樂團的名稱。傳統農村社會，人與人關係緊密，村莊裡有人往生，村民們多會互相幫助、張羅喪禮事宜。從照片中可以看見送葬隊伍相當地長，參加者會依據與往生者的親緣關係，而有不同穿著。

參加喪禮的孩童拿著紙紮人偶

1960 年，台北，參加喪禮的孩童拿著紙紮人偶。紙紮人偶、紙紮屋（紙靈厝）等，最終都會拿去焚燒，供往生者在死後的世界使用。照片中還停著一台偉士牌機車，這在當時是非常時髦的交通工具。

一位阿嬤與華麗的紙靈厝

1960 年，一位阿嬤在供桌旁吃飯，桌子前方放著供品以及一座華麗的紙靈厝。在傳統信仰中，往生的親人仍需要由陽間的後人供養，紙靈厝就是紙製冥宅，在喪禮中燃燒移送冥間。紙靈厝的造型和材料多樣，依喪家經濟能力而定。這種送財富到冥世給往生親人享用的概念，發展到今天則出現了冥車、冥物以及各國外幣冥鈔等。照片中的靈厝在那個年代是十分華麗的。

台北送葬隊伍的彭城堂劉氏宗親會

1960 年，台北一處送葬隊伍中掛出台北劉氏宗親會華麗的錦旗。往生者應爲劉姓大家族長者，送葬隊伍中的劉氏宗親代表衣著正式，錦旗懸在三輪車上作為前導車，儀式莊重。

彭城即徐州的古地名，彭城堂為劉氏最著名的堂號，是劉氏的共同郡望。相傳為漢室宗裔之後，或為漢高祖劉邦之弟劉交的後裔。漢朝是中國漢人稱呼之始，劉又是漢朝皇室的姓氏，因此許多劉氏家族均冠以彭城堂，以標榜正宗的中華漢家後裔，這種姓氏族裔的認同思想根深蒂固，歷久不衰。

金門駐地國軍官兵協助清理房地工事

1960 年，金門駐地國軍官兵協助清理房地工事。八二三砲戰之後，金門大量房屋毀壞、人員傷亡，地方政府必須立即妥善處理災民安置的工作，同時展開重建工作，尤其房子修建需要動員大量人力與物力，持續進行多年，金門駐地的國軍官兵亦投入這項工作。

金門發放救濟物資

1959 年，金門，正在發放救濟物資。一位婦女用扁擔挑著剛領到的麵粉，正準備離開。領取救濟物資常常動員全家大小，即使孩子們拿不動太多東西，但還是會到現場幫忙。由於金門位處前線，基於戰備需求，並沒有大量開發，無意間保留了許多傳統農村的生活環境和型態，至今金門仍能看到很多閩南式傳統房屋。

金門一所小學的教唱課程：完整 100 年不中斷的中華民國土地

1960 年，金門一所小學的教唱課程。當時，教育條件十分艱困，小學生們借用老宅上課，照片中廳堂前方並無黑板，兩側豎著多面中華民國國旗，所以應屬於廳堂的性質。老師坐在風琴前教唱，小朋友們沒有椅子，全部坐在地上學習。左前方門口站著一些大人，應是外賓來訪。薛培德牧師捕捉到戰時金門孩子們求學艱辛的生動畫面。

金門地處福建沿海，與廈門對望，可是在兩岸分離的今天，它卻屬於台灣這一邊，因此，金門擁有一個特別的歷史境遇。雖然今天政治上它靠向台灣，但金門並沒有經過半世紀的日本統治，未曾受到日本殖民教育影響；另一方面，金門雖然是福建島嶼，但卻未受到中共統治，沒有經過共產主義思想的洗禮。金門當地知識分子曾戲言，在中華民國治理的土地上，金門和馬祖是唯二完整 100 年不中斷的中華民國土地。

颱風天台北一處淹水的道路　（94 頁）

1960 年，颱風天大雨後台北一條淹水的道路，人和車都行走在水中。颱風通常帶來豪雨，如果雨量太大，就會造成街道淹水，甚至淹進屋內。水一進屋內，父親則需指揮一家人把重要的物品擺到高處，以免被水浸泡毀壞。雨停之後，一家人則需把水排出去以及清洗地板，同時把東西放回去，忙碌一整天。由於早年地下排水系統不足，往往每雨成災。大人傷腦筋，不過有時候小孩子卻覺得新奇好玩，尤其是走在淹水的家中或街上，好像在水上樂園一樣。總之，颱風天家裡內外淹水和涉水而行的經驗，也是一代人的童年記憶。

颱風過後淹水的家園

1960 年，颱風過後一處淹水的村子，一個男子小心翼翼地抬著電風扇，以免被水浸泡毀壞，前方有一所基督教會，也是薛培德牧師所巡訪的會所，所以藉機拍下了一系列颱風天的照片。雖是日常所見，當年卻鮮少留下清晰生動的影像紀錄。那些年每次刮颱風，狂風暴雨，整夜風聲咻咻，外頭不時傳來一些東西吹飛的撞擊聲，令人心驚膽顫。接著是屋內外淹水，屋頂漏水，要用鐵桶去接，徹夜難眠。隔天風雨過後，恢復平靜，不過屋內外已是滿目瘡痍，這是早期台灣人所共有的生活經歷。

颱風天過後村莊的泥濘路

1960 年，颱風天過後的一處村落，
積水退去，留下一片泥濘，以及散
落的雜物。颱風通常帶來豪雨，依
雨勢大小而損害各異，厲害時屋頂
瓦片破裂，房子四處漏水，外面的
竹籬笆甚至整個被吹走。這張照片
顯示鄉下村子在颱風天過後的泥濘
路面，以及有待清理的景象，十分
生動，也是早年在鄉下生活過的人
都有的深刻記憶。

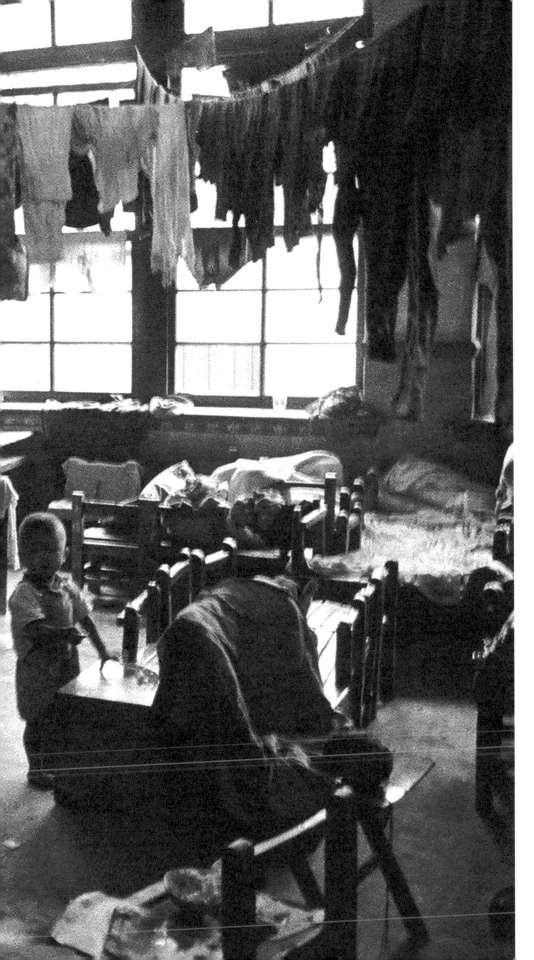

安置在國小教室的颱風災民

1960 年，一所國小教室安置颱風災民。強烈颱風過境，經常造成房屋毀損，或豪雨成災、大淹水，尤其是鄉下房子往往受災嚴重，無法住人，此時，地方政府通常會開放國小教室作為災民安置所。照片中，教室中的桌椅被併成小床、地上鋪有被褥、衣物懸掛在上方，成為早年颱風天的另一寫照，是珍貴的台灣生活紀實影像。

鋪柏油路的作業情形

1960 年，一處馬路正在鋪柏油路的作業情形。鋪設柏油路需先將泥土路整平，鋪上碎石，再鋪上柏油，最後成為柏油路面。柏油路面足夠平坦，可供汽車行駛，由於城鄉道路設施不斷的在進步與改善，因此這樣鋪路的景象四處可見。

一位工人在路旁燒瀝青鋪柏油

1960 年，一位工人在路旁燒瀝青，作為鋪柏油路的原料。瀝青是焦煤油生產的副產品，稱作煤瀝青，燃燒後成為液體的柏油，可以鋪設柏油路。一般泥土路需先整平，鋪成碎石路，再鋪上柏油成為柏油路面，這是基本的程序。早年，工人們都直接在路邊燒瀝青，濃煙瀰漫、刺眼嗆鼻，鋪上柏油的路面會又燙又黏。瀝青燃燒會釋放出有害物質，造成皮膚和呼吸道疾病，甚至致癌，一般行人看到路邊燒瀝青，都會紛紛走避。照片中的工人在濃煙中卻沒有戴口罩和護目鏡等防護設備，長期下來對身體會造成嚴重的傷害。只能說，貧困的生活中，無論對環境或個人的保護意識均十分薄弱。

此時亦有閩南語的順口溜：「點仔膠，黏到腳，叫阿爸……。」反映燒瀝青鋪柏油已是常見之事。

宮廟的出巡隊伍

1960 年，一處宮廟的出巡隊伍。神轎出巡是廟宇的重要活動，儀式中有樂隊隨行，樂隊中會有如鑼、鈸、嗩吶、竹笛等樂器，一路伴奏，場景十分熱鬧。這樣的習俗至今也還是很常見。只是相較步行，似乎更常看到搭乘花車的伴奏樂隊。

大年初一香火鼎盛的寺廟

1960 年，大年初一，爭相上香的信眾們，祈求家人一年平
安順利。寺廟一整年都有香客前來拜拜，一些大廟信徒眾
多，到了新年期間，上香者更是絡繹不絕，廟裡擠得水洩
不通，往往需要由廟方人員指揮動線、排隊參拜。

火車站外等候客人叫車的三輪車夫們

1960 年，一些三輪車夫在火車站外停車空地前，等候客人叫車。當火車停站時，客人下車走出站外，有一些人會叫乘三輪車，直接前往目的地。因此，火車站外停車空地等候的三輪車，其實就如同今天車站外排班的計程車，性質是相同的，只是交通工具有別而已。照片中鐵架上方的電影看板是好萊塢明星蘇珊海華（Susan Hayward）的電影「天涯一婦人 (Woman Obsessed)」，為 1959 年出品。好萊塢電影大眾文化遍及全球，台灣也有龐大影迷。上方還有「中央戲院」的牌子，中央戲院屬於中央電影公司的院線，此時在基隆、台北、新竹、桃園、台南等各地均有「中央戲院」。

傳統戲劇團演出三國故事 （110 頁）

1960 年，傳統戲劇團演出三國故事，中間的演員飾演劉備，右邊則為孔明。此時台灣還沒有電視台，廟口看戲是常見的娛樂活動。三國故事是戲劇團最常演繹的故事之一，時不時可以見到戲班子駐紮廟口演出，而台下經常高朋滿座，大人小孩都愛看。

HISTORY 86
閃耀台灣 七

台灣往日生活

策畫執行　　徐宗懋圖文館
中文撰文　　徐宗懋
責任編輯　　陳萱宇
主編　　　　謝翠鈺
行銷企劃　　陳玟利
藝術總監　　陳怡靜
美術編輯　　鄭捷云
數位彩色復原　鄭捷云

董 事 長　　趙政岷
出 版 者　　時報文化出版企業股份有限公司
　　　　　　108019 台北市和平西路三段 240 號 7 樓
　　　　　　發行專線：(02)2306-6842
　　　　　　讀者服務專線：0800-231-705
　　　　　　　　　　　　　(02)2304-7103
　　　　　　讀者服務傳真：(02)2304-6858
　　　　　　郵撥：19344724 時報文化出版公司
　　　　　　信箱：10899 台北華江橋郵局第 99 信箱
時報悅讀網　http://www.readingtimes.com.tw
法律顧問　　理律法律事務所　陳長文律師、李念祖律師
印刷　　　　和楹印刷有限公司
初版一刷　　2022 年 6 月 10 日
定價　　　　新台幣 480 元

缺頁或破損的書，請寄回更換

閃耀台灣．七，台灣往日生活 / 徐宗懋圖文館作．--
初版．-- 台北市：時報文化出版企業股份有限公司，
2022.06
　面；　公分．--（History；86）
ISBN 978-626-335-452-4（精裝）

1.CST: 台灣史　2.CST: 社會生活　3.CST: 照片集

733.21　　　　　　　　　　　　　　111006996

ISBN 978-626-335-452-4
Printed in Taiwan